Para **quererte** a ti misma:

una **guía** para **chicas**

PARA KATIE K. POR SER TAN LOCA COMO YO.
PARA KATIE S. POR HACER TODO LO POSIBLE PARA
MANTENERNOS CUERDAS.

Para quererte a ti misma: una guía para chicas

un libro para
enamorarse
de la persona
más importante...
tú

diane mastromarino

Artes Monte Azul
Blue Mountain Arts, Inc., Boulder, Colorado

Propiedad intelectual © 2003, 2007 de Blue Mountain Arts, Inc.

Todos los derechos reservados. Prohibida la reproducción, almacenamiento en sistemas recuperables y transmisión de cualquier índole o por medios electrónicos o mecánicos, fotocopias o grabaciones u otros medios de cualquier porción de esta publicación, sin autorización por escrito de la casa editora.

"Una persona que sufre un desorden alimenticio puede..." de TAKING CHARGE OF MY MIND & BODY de Gladys Folkers, MA, y Jeanne Engelmann. Propiedad intelectual © 1997 de Gladys Folkers y Jeanne Engelmann. Todos los derechos reservados.

Número de tarjeta de catálogo de la Biblioteca del Congreso: 2006933257
ISBN: 978-1-59842-192-7

Algunas marcas comerciales son usadas por licencia.

Hecho en China.
Primera impresión en español: 2007

✸ Este libro se imprimió en papel reciclado.

Este libro está impreso en papel vergé de alta calidad, de 80 lbs, estampado en seco. Este papel ha sido producido especialmente para estar libre de ácido (pH neutral) y no contiene madera triturada ni pulpa no blanqueada. Cumple todos los requisitos de American National Standards Institute, Inc., lo que garantiza que este libro es duradero y podrá ser disfrutado por generaciones futuras.

Blue Mountain Arts, Inc.
P.O. Box 4549, Boulder, Colorado 80306, EE.UU.

ÍNDICE

- 6 de qué se trata
- 8 **SÉ AUTÉNTICA**
- 10 siéntete cómoda
- 11 ser tú misma siempre tiene estilo
- 12 me ama (por lo que soy) o no me ama
- 13 verdadera amistad
- 14 el blues del intimidador
- 15 relaciones con un intimidador
- 16 actividades
- 17 sigue *tus* sueños
- 18 **UNA PEQUEÑA COSA LLAMADA... CONFIANZA**
- 20 segura de ti versus vanidosa
- 21 decir "gracias"
- 22 tu peor enemiga
- 23 elógiate
- 24 sabiduría
- 25 di las cosas como son (aunque no lo sean)
- 26 **SENTIMIENTO Y CONTROL**
- 28 inestabilidad emocional
- 29 mí, yo misma y yo
- 30 el factor miedo
- 31 sal
- 32 cazaestrés
- 33 estrategias cazaestrés
- 34 ¿estás deprimida?
- 35 signos de depresión
- 36 **ASUNTOS FAMILIARES**
- 38 la trampa de los padres
- 39 rivalidad entre hermanos
- 40 manejar el tema "d"
- 41 romper el molde
- 42 **TU SALUD**
- 44 sé consciente de tu salud
- 45 contaminación del cuerpo
- 46 ¿qué te está consumiendo?
- 47 tres desórdenes alimenticios comunes
- 48 cuidar la cara
- 49 ¿qué? ¿cómo? ¿cuándo? ¿dónde? ¿y por qué?
- 50 examinar debajo del cinturón
- 51 hacerlo o no hacerlo
- 52 **LA VERDAD ACERCA DE LA PRINCESA DE PLÁSTICO**
- 54 modelos de portada
- 55 llenar la copa
- 56 ser lo mejor de ti
- 57 encuesta de chicos
- 58 **TODO SE REDUCE A... TI**
- 60 cómo quererte a ti misma un poco más
- 62 si necesitas ayuda: sitios web
- 64 líneas gratuitas

de qué se trata...

Quererte a ti misma no consiste en mirarte al espejo y sentirte satisfecha el día en que tus jeans te queden perfectos y tu nuevo corte de pelo luzca genial. No consiste en usar la misma ropa que usa todo el mundo aunque te haga sentir incómoda interiormente. Quererte a ti misma no consiste en privar tu cuerpo de los nutrientes que necesita porque quieres que te entre el vestido de moda. No se trata de abandonar a tus verdaderas amigas y fingir ser alguien que no eres para juntarte con el grupo de "chicas populares". No consiste en correr en la cinta del gimnasio durante cuatro horas al día o beber 14 galones de agua embotellada después de saltarte el desayuno.

Quererte a ti misma no consiste en perseguir los sueños que tus padres crearon para ti porque tienes demasiado miedo de herir sus sentimientos o estás muy desganada para soñar los tuyos propios. No se trata de tomar decisiones basadas en lo que otros hacen o no hacen. En realidad, quererte a ti misma no tiene nada que ver con ninguna otra persona. Sólo tiene que ver contigo.

Quererte a ti misma significa tener el mayor respeto por tu propia mente, cuerpo y alma. Significa saber quién eres y quién quieres ser. Significa que tienes grandes ilusiones y deseas hacer todo lo que esté a tu alcance para asegurar que se hagan realidad. Cuando te quieres a ti misma, te importa lo suficiente la persona que eres como para decir que no a las cosas que podrían hacerte daño o tener un efecto negativo sobre tu vida. Significa que piensas en los resultados y no actúas simplemente por impulso.

Quererte a ti misma significa que deseas conocer todo lo que puedas acerca de tu cuerpo y su funcionamiento y que no te avergüenza hacer las preguntas cuyas respuestas desearías saber. Significa que te esfuerzas al máximo por crear relaciones positivas con tus amigos y familiares. Quererte a ti misma significa que tienes el coraje de ser única y de ser "tú misma", no una copia de la última modelo que apareció en la portada de alguna revista. Significa que no cambiarás para adaptarte a las necesidades de tu novio actual, tu ex o el que esperas que pronto lo sea. Quererte a ti misma significa saber lo maravillosa que eres y no permitir que ninguna persona, ningún lugar, ni nada se interponga con ese sentimiento.

Sé auténtica

SÉ AUTÉNTICA. Hazte **AMIGOS** verdaderos a los que les gustes por lo que eres y que no te hablen tan sólo por la **ROPA** que llevas o el chico con el que **SALES**. Busca un **ESTILO** auténtico, que **DEFINA** quién eres; no **ROBES** un estilo ajeno para **ADAPTARTE** o **PARECER GENIAL**. **SÉ AUTÉNTICA** en tus **SUEÑOS**; son para que tú misma los **FORJES** y los sigas.

Busca **ACTIVIDADES** y **PASATIEMPOS** que realmente **DESEES** hacer... aquellos que te hagan feliz. Sé auténtica acerca de tu **CUERPO**; sé **LO MEJOR DE TI** que puedas, en lugar de intentar adaptarte a algún **IDEAL RIDÍCULO**. Sé auténtica con tu **VIDA**; es tuya. **NUNCA LO OLVIDES.**

siéntete cómoda

Una cosa por la que debes luchar en tu vida es por la comodidad. No me refiero a la comodidad de las camisas de franela y las pantuflas rosadas de peluche. Me refiero a sentirte cómoda con quién eres, adónde vas, las metas que te fijaste y el camino que eliges para alcanzarlas. Sentirte cómoda significa sentirte bien acerca de ti misma y del tipo de persona que elijas ser.

Si andas por allí con sensación de vacío en el estómago o te sientes inquieta de pies a cabeza (o en cualquier lugar intermedio) estás lejos de sentirte cómoda. Necesitas darte cuenta de qué es lo que te hace sentir así y cambiarlo. La comodidad se logra siendo tú misma. Cuando eres completamente auténtica, te sientes segura de saber que eres una chica fuerte, con determinación, poderosa, que toma sus propias decisiones y elige el camino que tomará. No tienes ninguna razón para fingir ser otra persona porque te sientes completamente cómoda siendo tú misma.

LECCIONES QUE DA LA EXPERIENCIA: 1) EL COLOR DE CABELLO DE LA CHICA DE LA CAJA DE TINTURA NO REFLEJA DE NINGUNA MANERA EL COLOR DE TU CABELLO SI LA USAS. 2) QUE TODAS LAS DEMÁS SE VUELVAN PELIRROJAS NO SIGNIFICA NECESARIAMENTE QUE TÚ TE TENGAS QUE VOLVER PELIRROJA. 3) UNA GORRA DE BÉISBOL PUEDE LLEGAR A SER UN ACCESORIO DE MODA EXCELENTE.

ser tú misma siempre tiene estilo

Ser tú misma no es una moda que viene y se va. No tiene que costarte toda tu mensualidad o ser una réplica exacta de lo que todos los demás parecen estar usando. Ser tú misma siempre tiene estilo porque define quién eres. No hay razón para que te sientas presionada a lucir de cierta manera. Lo sé, lo sé... es fácil decirlo. La verdad es que, cuando se trata de moda, ciertos estilos se ven mejor en ciertas chicas que en otras. La ropa que eliges usar debe reflejar el tipo de persona que eres; debe hacerte sentir bien contigo misma y con tu cuerpo.

Tienes tu propia pauta corporal y tu propio sentido del estilo. Junta las dos cosas y puedes crear un guardarropa genial, diseñado especialmente para ti, y por ti. No hay nada mejor que eso. Cuando eres 100% tú misma, no tienes motivos para sentirte de otra manera que no sea maravillosa. Puedes caminar por las calles sintiéndote orgullosa y segura. Eres genial, estás cómoda y luces de primera. Ahora si eso no es estilo, entonces no sé qué es.

LECCIONES QUE DA LA EXPERIENCIA: 1) USAR UN TOP CORTITO NO ES MUY SEXY CUANDO CRUZAS TUS BRAZOS SOBRE TU ESTÓMAGO PORQUE TE AVERGÜENZA TU APARIENCIA. 2) A VECES, CUANDO TU MADRE COMPARTE SU OPINIÓN SOBRE MODA, EN REALIDAD SABE DE QUÉ ESTÁ HABLANDO. 3) LOS TOPS CORTOS SON ARTÍCULOS MUY SOBREVALUADOS.

me ama (por lo que soy) o no me ama

Así que tienes a cierto chico en la cabeza y por supuesto quieres que se fije en ti. La pregunta es, ¿cómo lo logras? Puedes andar por ahí usando ropas diminutas, esperando que se fije en ti de esa manera... pero es probable que piense que eres un tipo de chica distinto del que realmente eres — y luego es probable que te encuentres en una situación indeseada. Puedes abandonar a tus amigos para salir con el grupo con el que él normalmente sale, pero terminarás perdiendo a tus verdaderos amigos y fingiendo ser otra persona para adaptarte a tus nuevos amigos. Puedes seguirlo a todas partes y adorar el suelo que pisa, pero es probable que él termine pasándote por encima. Aunque cualquiera de esas acciones te consiga un poquito de la atención de esa persona, definitivamente no será el tipo de atención que perdura.

La mejor manera de obtener su atención es no rogarle. Sólo sigue haciendo las cosas que siempre haces. Cuánto más parezca que te diviertes y no le das mucha importancia, es más probable que él comience a interesarse. No necesitas profesar tu amor por él, sino hacer un esfuerzo por hacerle saber que estás a su lado. Inicia una conversación trivial u olvida convenientemente tu reloj y pregúntale la hora. Sé totalmente tú misma y si le gustas, genial. Si no, él se la pierde. Con esta forma de abordarlo, puedes conseguir al chico de tus sueños y mantenerte fiel a ti misma en el proceso.

LECCIONES QUE DA LA EXPERIENCIA: 1) SI TE HABLA EL DÍA EN QUE LLEVAS PUESTA LA ROPA DIMINUTA Y NO CUANDO USAS UNA CAMISETA FLOJA Y JEANS, NO VALE LA PENA PERDER EL TIEMPO CON ÉL. 2) SI DEJAS A TUS AMIGOS PARA UNIRTE A SU GRUPO, ES PROBABLE QUE AL FINAL TERMINES QUEDÁNDOTE SOLA.

verdadera amistad

Los verdaderos amigos te quieren por lo que eres. Respetan tus opiniones y creen en tus sueños. No te juzgan por tu apariencia o popularidad o por el chico con el que sales. Conocen todos los detalles sobre ti y te quieren de todas maneras. Los verdaderos amigos están contigo para celebrar los momentos felices y para consolarte en los no tan felices. Los amigos verdaderos ríen contigo y lloran contigo y sienten por ti cuando no tienes muchas ganas de sentir.

No todos los que pasen por tu vida demostrarán ser verdaderos amigos. Algunas personas pueden parecerlo por un tiempo, pero cuando las cosas se ponen difíciles, esas personas son difíciles de encontrar. Se dice que cuando uno crece, si puede contar los verdaderos amigos con los dedos de una mano, es una persona muy afortunada. Confía en mí cuando digo que esto es muy cierto.

Valora a tus verdaderos amigos. No pierdas el tiempo con gente que no te respeta o que realmente no te escucha cuando hablas. Si no puedes ser tú misma por completo cuando estás con alguien, entonces no se trata de un verdadero amigo. Dedica el 100% a las amistades que importan y no te dejes engañar por las personas que te dan menos que eso.

LECCIONES QUE DA LA EXPERIENCIA: 1) CUANDO NUEVAS PERSONAS COMIENZAN A PRESTARTE ATENCIÓN DESPUÉS DE QUE TE COMPRASTE UN AUTO NUEVO, ESAS PERSONAS NO SON VERDADEROS AMIGOS. 2) CUANDO TE OLVIDAS LAS LLAVES DENTRO DE ESE AUTO A LAS 3 A.M. BAJO UNA LLUVIA TORRENCIAL A 30 MINUTOS DE CAMINO DE LA CIUDAD, LA PERSONA QUE TE PASA A BUSCAR Y RÍE CONTIGO DURANTE TODO EL CAMINO DE VUELTA... ESE ES UN VERDADERO AMIGO.

el blues del intimidador

En toda escuela hay por lo menos un intimidador. Alguien que se cree más poderoso que la mayoría. Alguien que rebaja a las otras personas para sentirse más grande. Los intimidadores existen no porque son más grandes o más fuertes o con más onda o mejores, sino porque hacen creer a la gente que lo son. En realidad, los intimidadores son sólo chicos comunes que buscan llamar la atención y sentirse importantes.

La verdad es que la única razón por la que existen los intimidadores es porque otros chicos se lo permiten. La mayoría de los chicos temen enfrentar a un intimidador y entonces dan un paso atrás y le permiten al intimidador que los convierta en víctimas. Otros chicos se asocian al intimidador para evitar que se las tome con ellos. No es fácil decidir cómo manejar la situación. Lo único que sabes con seguridad es que herir los sentimientos de otra persona es incorrecto y que hieran tus sentimientos no se siente nada bien. Nadie tiene derecho a rebajar a otra persona, asustarla, entristecerla o incomodarla. Cuando te enfrentes a un intimidador, ten presente eso y nunca lo olvides.

LECCIONES QUE DA LA EXPERIENCIA: 1) SI TE HACES AMIGA DE UN INTIMIDADOR Y GOLPEA A OTROS CHICOS ES POSIBLE QUE NO TE GOLPEEN A TI. 2) LA CULPA Y EL DOLOR QUE SENTIRÁS INTERIORMENTE TE GOLPEARÁ MUCHO MÁS DE LO QUE NUNCA PODRÍA HACERLO EL INTIMIDADOR.

relaciones con un intimidador

- **Ten confianza.** Aunque no te sientas segura, ten confianza y actúa con valentía. Trabaja sobre la postura. Mantente erguida y camina con orgullo. Mantén tu cabeza en alto y actúa como si nada en el mundo pudiese derribarte. Si crees que esto es así, otras personas, incluyendo el intimidador, pueden creerlo también.

- **Ignora al intimidador.** Actúa como si las palabras o acciones del intimidador no te importasen. No te escapes corriendo como si estuvieses asustada, aléjate caminando como si tuvieses cosas más importantes que hacer. (Es probable que las tengas).

- **¡Di que no en voz bien alta!** A veces el intimidador no te dejará alejarte tan fácilmente. Si hay gente cerca, di que no en voz bien alta y fuerte. No insultes al intimidador, dile que lo que está haciendo es incorrecto. Un grito fuerte puede terminar una pelea incluso antes de que empiece.

- **Contrólate.** Respira BIEN hondo. Dite a ti misma que estás bien y reemplaza cualquier palabra agresiva que te haya dicho el intimidador con palabras amables tuyas. Repite cosas como: "Soy fuerte", "Me tengo confianza", "Soy bella".

- **Sé buena compañera.** Si otra persona está siendo acosada, dile al intimidador que se detenga. Es posible que otros se unan y que el intimidador se dé por vencido. Haz un pacto con tus amigos para permanecer unidos y ayudarse unos a otros para sentirse seguros en lugar de asustados.

- **Busca ayuda de un maestro o padre.** Los maestros y los padres pueden ser una gran ayuda para detener a los intimidadores. Puede ser que te preocupe que si le cuentas a alguien, el intimidador se enoje contigo y las cosas empeoren. Exprésale tu preocupación al maestro o padre y juntos pueden encontrar la manera de manejar la situación.

actividades

¿Crees que Madonna se negó a unirse al coro porque otros chicos pensaban que era rara o poco popular? ¿O que Mia Hamm, la reina del fútbol, no jugaba al fútbol porque nadie más lo hacía? Probablemente no. Es cierto que muchas actividades se asocian con estereotipos. *No es popular hacer esto; o sólo los cerebros son parte de aquello.* Pero la verdad es que todos los chicos hacen actividades de todo tipo. Las actividades son lo que tú pretendes que sean, si las haces divertidas te darás cuenta que crean amistades maravillosas, acrecientan la autoestima e incluso alivian la tensión y el estrés.

No deberías basar la elección de la actividad que quieres hacer en lo que otros chicos hacen o no hacen. Deberías basarla en tus propios gustos e intereses. Si no sabes exactamente cuáles son, entonces prueba muchas cosas para saber en cuáles eres buena y, lo que es más importante, cuáles te hacen feliz. Así que baila, corre, aprende, experimenta, crea, canta, actúa, salta, cose, nada, y aliéntate para convertirte en una persona mejor, más activa y comprometida.

LECCIONES QUE DA LA EXPERIENCIA: 1) LA GENTE QUE TIENE MUCHAS FOTOS SUYAS EN EL ÁLBUM ANUAL SON LAS QUE ESTÁN HACIENDO MUCHAS COSAS. 2) CUANDO HOJEES TU ÁLBUM ANUAL Y LA ÚNICA FOTO TUYA QUE ENCUENTRES ES LA DE TU CLASE, VAS A DESEAR HABER PARTICIPADO MÁS.

sigue *tus* sueños

Muchas veces es difícil escuchar tus propios pensamientos por encima de los regaños de tus padres, los consejos de tus maestros, los consejos de tus consejeros, los chismes de tus amigos y todos los millones de personas que piensan que estarías mejor si escuchas sus opiniones. Es tan fácil quedar atrapada en lo que otras personas piensan que es mejor para ti, y es incluso más fácil perderte en los sueños de los otros.

¿Entonces, qué es lo que *quieres*? Tu respuesta es probablemente alguna variante de "¿Cómo diablos se supone que lo sepa?" En tu corazón, probablemente lo sepas. Tal vez crees que tu sueño es tan disparatado que nunca podría sucederte a ti. Tal vez es algo tan inusual o poco popular que te avergüenza perseguirlo. Tal vez es algo completamente opuesto a lo que tus padres desearon para ti y tienes miedo de herir sus sentimientos. O tal vez no tienes idea de lo que quieres. Independientemente de tu respuesta o de cuál sea tu sueño o de cuál será un día de estos, hazte un favor y asegúrate de que sea lo que sea, sea tuyo. Sueña *tus* sueños y cuando se hagan realidad, estarás muy contenta de haberlo hecho.

LECCIONES QUE DA LA EXPERIENCIA: 1) SI SIGUES EL CAMINO DE OTRA PERSONA, ES PROBABLE QUE UN DÍA DES LA VUELTA Y TENGAS QUE EMPEZAR TODO DE NUEVO. 2) NADA ES IMPOSIBLE. 3) SUEÑA EN GRANDE.

una pequeña cosa llamada...

confianza

Ten **CONFIANZA** en ti misma. Suena tan **SIMPLE**. Pero poder entrar a una sala y sentirte completamente **CÓMODA** con quien eres, con la manera **CÓMO** luces, con lo **QUE** sabes, con las **PERSONAS** a las que conoces… no es **NADA SIMPLE**.

Tener **CONFIANZA** significa que te sientes bien contigo misma tanto **POR FUERA COMO POR DENTRO**. Significa que estás cómoda siendo **TÚ MISMA**. Significa que cuando te **DESPIERTAS** en la mañana y te miras al **ESPEJO**, eres **FELIZ** al ver quien eres (a pesar de los **CABELLOS REVUELTOS** y **EL MAL ALIENTO**, por supuesto). Por la noche, cuando **TE ACUESTAS A DORMIR**, te sientes verdaderamente **BIEN** por dentro.

segura de ti versus vanidosa

Así que déjame adivinar... estás preocupada porque si tienes confianza en ti y te sientes bien contigo misma, la gente va a pensar que eres vanidosa. La verdad es que hay una enorme diferencia entre tenerse confianza y ser vanidosa. Tener confianza en ti misma es reconocer tu valía y estar orgullosa de lo que eres y de las cosas que haces. Esto no se debe confundir con caminar por ahí con la nariz levantada, haciendo alardes de lo perfecta que eres y esperando que la gente te adore y admire. (Eso sería ser vanidosa).

La confianza no tiene que ver con probarle a los demás lo maravillosa que eres; tiene más que ver con cómo te sientes internamente contigo misma. Sólo porque te tengas confianza no quiere decir que todo va a salir bien fácilmente. Una persona segura de sí misma puede ponerse nerviosa cuando habla frente a un grupo de personas. Puede trabarse con las palabras o sentir que las manos le sudan cuando un chico que le gusta le hace una pregunta. Pero una persona segura de sí sabe que tiene la capacidad de calmarse y componerse lo mejor que pueda. Sabe que puede hacer cualquier cosa que se proponga y cree en sí misma. Una vez que puedes hacer eso, puedes hacer cualquier cosa.

LECCIONES QUE DA LA EXPERIENCIA: 1) SI INTERNAMENTE CREES QUE ERES UNA PERSONA GENIAL, OTRAS PERSONAS TAMBIÉN LO CREERÁN. 2) SI CONSTANTEMENTE LE DICES A LA GENTE LO INCREÍBLEMENTE GENIAL QUE ERES, NO SÓLO NO TE CREERÁN, SINO QUE BUSCARÁN RAZONES PARA DEMOSTRARTE LO CONTRARIO.

decir "gracias"

¿Cuántas veces alguien te dijo un cumplido y tú sólo encontraste alguna razón ridícula para no aceptarlo? Si eres como la mayoría de las chicas, te encoges de hombros ante los cumplidos, diciendo que le debes tu belleza a un nuevo par de jeans o a tu nuevo corte de pelo. O te pones colorada, tus mejillas encendidas, y te encuentras en el medio de un silencio tan desagradable e incómodo. Debes tomar un cumplido por lo que es... algo especial sobre ti que alguien se tomó el tiempo de notar.

La próxima vez que alguien te diga un cumplido, di "gracias" con orgullo y guárdalo para los días en que tu ego requiera un refuerzo adicional. No respondas a los cumplidos con respuestas negativas, encogiéndote de hombros como si no fueran gran cosa. Son muy importantes. Son los influjos adicionales de energía positiva que necesitas para quererte mucho más.

LECCIONES QUE DA LA EXPERIENCIA: 1) SI CONTINUAMENTE LE DAS EL CRÉDITO A OTRA COSA POR LOS CUMPLIDOS QUE RECIBES, LA GENTE DUDARÁ SI OFRECÉRTELOS EN EL FUTURO. 2) LOS EXTRAÑARÁS ENORMEMENTE UNA VEZ QUE SE HAYAN IDO.

tu peor enemiga

Sentirte segura no es algo fácil en absoluto. Por supuesto que puedes culpar a tus padres y maestros y a cualquier otro que te presione demasiado y que tenga expectativas súper altas. Puedes decir que es su culpa que te sientas un poco menos segura estos días. Pero es probable que haya alguien más en tu vida que debería asumir mucha de la culpa... y esa persona eres tú.

Tú puedes ser tu peor enemiga la mayor parte del tiempo sin ni siquiera darte cuenta. Esperas tanto de ti misma física, mental y emocionalmente. Te miras en el espejo y te destrozas porque luces o actúas de una determinada manera. Te comparas con otra gente y constantemente te dices que no eres suficiente. ¿Cómo puede alguien ser capaz de sentirse segura con todas esas críticas?

En lugar de compararte con la gente que te rodea, tómate el tiempo para darte cuenta de las cosas que te gustan más sobre ti misma. Cada vez que te despiertes en la mañana, piensa en algo que te haga feliz de ser tú misma y recuérdala durante todo el resto del día. No permitas que nadie te desaliente y definitivamente no te desalientes a ti misma. Tenerte confianza te hace sentir realmente bien. No confíes únicamente en mi palabra. Pruébalo tú misma.

LECCIONES QUE DA LA EXPERIENCIA: 1) DECIRTE A TI MISMA QUE ERES MALA HACIENDO ALGO NO TE HARÁ MEJOR. 2) DECIRTE A TI MISMA QUE ERES GORDA NO TE HARÁ MÁS DELGADA. 3) DECIRTE A TI MISMA QUE HICISTE UN BUEN TRABAJO Y QUE ESTÁS ORGULLOSA DE TI MISMA, SIN DUDA, TE HARÁ SENTIR BIEN INTERNAMENTE.

elógiate

Cada día, aunque no te des cuenta, haces algo que merece ser elogiado. Es improbable que todo el mundo se levante y lo note todo el tiempo, pero ese no es su trabajo, es el tuyo. No te quedes esperando que la gente reconozca lo que haces. Están ocupados haciendo sus propias cosas y buscando el reconocimiento de los demás. Tú debes distinguirte de ellos.

Tener confianza significa que no estás buscando constantemente la aprobación de los demás. Por supuesto que es agradable ser elogiada por tus logros pero no puedes depender de esos elogios. Otras personas pueden no reconocerlo, pero aportas muchas cosas positivas al mundo a lo largo del día y esas son las cosas de las que debes enorgullecerte.

Al final del día, debes ser capaz de nombrar al menos una cosa que hayas logrado y que te enorgullezca. Independientemente de su tamaño, aportas cosas buenas al mundo cada día y si esa no es una razón para sentirse segura, ¿entonces cuál es?

LECCIONES QUE DA LA EXPERIENCIA: 1) QUEDARTE CON UN LÁPIZ LABIAL GRATIS QUE LA CAJERA SE OLVIDÓ DE COBRARTE NO MERECE UN ELOGIO. 2) DEVOLVERLO Y PAGARLO SÍ.

sabiduría

Déjame ser la primera en decirte que ser inteligente es cualquier cosa menos ser tonto. Se es inteligente con estilo; esa es la razón por la que unos lindos lentes ovalados están de moda y las librerías-cafés están siempre llenas de gente.

Ser inteligente es una parte importante de sentirse segura. No me refiero a encerrarte en tu cuarto y leer la enciclopedia con insistencia hasta la exasperación. Pero piensa en cuánto mejor te sentirías contigo misma si pudieses intervenir en cualquier (bueno, casi cualquier) conversación y compartir tu opinión.

Es fácil quedarte con lo que sabes, ¿pero cuál es la diversión? Ubícate en medios que expandan tu conocimiento. Elige un libro que normalmente no leerías. Habla con alguien que tenga una historia o herencia totalmente distinta de la tuya. Pregunta. No te avergüences de no saber las respuestas. Aprende todo lo que puedas. Serás feliz de haberlo hecho.

LECCIONES QUE DA LA EXPERIENCIA: 1) LA RESPUESTA APROPIADA ANTE LA BURLA DEL OTRO ES REÍRSE. ¿TE LLAMAN "GORDITA" DESDE PRIMER GRADO? SI NO REACCIONAS DE FORMA NEGATIVA ANTE LA "BROMA" DEJA DE SER GRACIOSO. 2) LA BURLA Y EL ABUSO CON MALAS INTENCIONES SON CARACTERÍSTICAS DE LA PERSONA DESEOSA DE LLAMAR LA ATENCIÓN. SI NO LE PRESTAS A UN INTIMIDADOR LA ATENCIÓN QUE DESEA, TU TEMIDO SOBRENOMBRE DE LA NIÑEZ SE CONVERTIRÁ RÁPIDAMENTE EN ALGO DEL PASADO.

di las cosas como son (aunque no lo sean)

La mayoría de nosotros tenemos toneladas de conocimiento guardado en nuestras lindas cabezas, pero cuando llega el momento de usarlo, damos un paso atrás. Siéntete segura de lo que sabes y de compartirlo con los demás. No te inquietes: no te clasificarán como extraña por saber lo que sucede en el mundo ni incluso por saber qué sucedió años antes de que nacieras.

A veces cuando no estés segura de ti misma, puedes decidir que es mejor mantenerte callada en lugar de decir algo incorrecto. Puedes temer que si te equivocas la gente que esté contigo se reirá de ti. Pero lo más probable es que muchas de esas personas piensen exactamente lo mismo, y si tú hablas, todos saldrán aprendiendo algo nuevo.

La confianza en ti misma no consiste en tener siempre la razón. Consiste en sentirte lo suficientemente bien contigo misma como para compartir tus sentimientos e ideas con la gente que te rodea.

LECCIONES QUE DA LA EXPERIENCIA: 1) CUANDO PIENSAS QUE SABES LA RESPUESTA EN CLASE, ARRIÉSGATE. LEVANTA LA MANO Y COMPÁRTELO. 2) SI NO LO HACES, PASARÁS EL RESTO DE LA CLASE, TAL VEZ INCLUSO EL RESTO DEL DÍA PATEÁNDOTE CUANDO ESCUCHES A TU COMPAÑERO DECIR LA RESPUESTA QUE SABÍAS QUE ERA LA CORRECTA.

Sentimiento y control

Últimamente tus **EMOCIONES** están **DESEQUILIBRADAS**. Ayer **LLORASTE** porque alguien te miró raro y hoy te **SIENTES** como si lo único que deseas hacer es **ACOSTARTE EN LA CAMA** y **CERRARLE LA PUERTA** al mundo. Las cosas son más **CONFUSAS** de lo que solían ser. Algunos días deseas **ACURRUCARTE** en la falda de tu madre y pedirle que te relate un **CUENTO ANTES DE DORMIR**. Otros días deseas hacer lo que quieres, **CUANDO QUIERES**, y no tener a **NADIE** que te diga lo contrario. Y justo cuando **PIENSAS** que estás totalmente **FUERA DE TI**, comienzas a sentirte **BASTANTE BIEN** otra vez.

¿Deberías conseguirte una de esas **CHAQUETAS BLANCAS** e internarte en una institución **PSIQUIÁTRICA URGENTEMENTE**? No. Esta **INESTABILIDAD** emocional es completamente **NORMAL**. Tu **TAREA** es aprender a **MANEJARLA**.

inestabilidad emocional

Estás creciendo y tu cuerpo está haciendo un giro de 360° (sin tu permiso, por supuesto) y pasando por cambios que pueden o no hacerte feliz. Con todo esto sucediendo, no es sorprendente que estés pasando por un momento de inestabilidad emocional. Tus estados de ánimo están cambiando todo el tiempo y hay muchos momentos en los cuales probablemente te sientas abrumada y fuera de control. No te inquietes... es triste pero cierto que esto es completamente normal.

Probablemente te encontrarás totalmente enojada por algo que unos meses atrás no te habría molestado. Tal vez los ojos se te inunden de lágrimas sin ninguna razón o las cosas que te hacían feliz ya no produzcan tal efecto. Estás pasando por muchas transformaciones, algunas que puedes ver y otras que no. Es atemorizante crecer y sentir que todo cambia y saber que no tienes opción sino la de cambiar. Tiene mucho sentido que te sientas así, pero no te guardes todo adentro. No permitas que las emociones te sobrepasen. A pesar de que a veces pueda no parecerlo, recuerda que estás a cargo de tus sentimientos, no lo contrario.

LECCIONES QUE DA LA EXPERIENCIA: 1) CUANDO NO MANEJES TUS EMOCIONES, SE ACUMULARÁN Y ES MUY PROBABLE QUE HAGAN ERUPCIÓN EN MOMENTOS EXTREMADAMENTE INAPROPIADOS. 2) SI EL MOMENTO INAPROPIADO RESULTA SER EL FUNERAL DE LA TÍA ABUELA DE TU NOVIO, DESEARÁS HABER MANEJADO TUS SENTIMIENTOS ANTES.

mí, yo misma y yo

La única persona en tu vida que te conoce muy bien, que siempre estará contigo y que nunca te dejará eres "tú". Tú eres la única persona que sabe cuándo tiene un mal momento y cuándo tu medidor de confianza está cayendo por debajo del promedio. Sólo tú sabes qué necesitas escuchar para volver a encaminarte y sentirte como la supermujer que realmente eres.

El poder que tu mente puede tener sobre ti, tanto emocional como físicamente, es increíble. No importa a qué te enfrentes, ya sea algo tan pequeño como dar un examen en la escuela o tan grande como hacer una presentación frente a un auditorio lleno de gente, si puedes convencerte de que estás bien, estarás bien. Tomar el control de tus emociones es la mejor manera de lidiar con ellas. Si tienes que abandonar una sala y conversar contigo misma, adelante. Haz lo que sea necesario para darte la palmada en la espalda que necesitas para atravesar el momento. Tienes lo necesario para hacer casi cualquier cosa, y en cualquier momento que te sientas un poco menos segura de eso, acude a la persona que te conoce mejor para que te apoye... tú misma.

LECCIONES QUE DA LA EXPERIENCIA: 1) RESPIRAR BIEN HONDO AYUDA A CALMARTE PARA QUE PUEDAS PENSAR RACIONALMENTE Y TOMAR CONTROL SOBRE TUS EMOCIONES. 2) RESPIRAR BIEN HONDO TAMBIÉN EVITA QUE TE DESMAYES DURANTE UN SOLO EN LA FINAL DE BALONCESTO DE LA TEMPORADA FRENTE A TUS PADRES, AMIGOS Y EL EQUIPO DE PORRISTAS.

el factor miedo

Todo el mundo se asusta en un momento u otro. Esa es la verdad, no importa cuán grande seas o cuán dura puedas ser. Algunas personas tienen miedo de cosas como la oscuridad o volar en un avión. Otras tienen miedo de cosas como hablar en público o que las llamen para responder una pregunta en clase. El miedo es una emoción normal y sana.

Cuando tienes miedo, tu cuerpo puede sentirse raro por dentro. Es posible que respires más rápido, que tus manos suden y que sientas revuelto el estómago. Hasta puedes llegar a sentirte mareada o tener dolor de estómago. Estas cosas suceden porque tu cuerpo se está preparando para manejar cualquier situación que esté asustándote. Tu sangre bombea más rápido a través de tu corazón y se dirige apresuradamente a tus manos y pies, preparándolos para moverse con rapidez y tus pulmones respiran más rápidamente para darle más oxígeno a tu cuerpo.

El miedo es algo normal, pero no debe suceder todo el tiempo o interponerse con las cosas diarias que te gusta hacer. Si te sientes asustada durante gran parte del tiempo, debes hablar con tus padres o maestros sobre ello. Ellos pueden llevarte a ver un médico especialista que te puede ayudar a aprender a relajarte o prescribirte algún otro tratamiento para ayudarte a manejar tus miedos.

LECCIONES QUE DA LA EXPERIENCIA: 1) ASUSTARSE DEL SONIDO DEL TRUENO, LA MONTAÑA RUSA O DE HACER UN DISCURSO FRENTE A CIEN PERSONAS ES COMPLETAMENTE NORMAL. 2) ASUSTARSE DE LEVANTARSE DE LA CAMA, CAMINAR POR LA CALLE O ESTAR CON OTRAS PERSONAS NO ES TAN NORMAL. 3) SI TIENES MIEDO TODO EL TIEMPO, HABLA CON ALGUIEN ACERCA DE ELLO. 4) OBTENER AYUDA CALMARÁ TUS MIEDOS Y TE AYUDARÁ A SENTIRTE ÓPTIMA.

sal

No vas a sentirte al 100% todo el tiempo. A nadie le pasa. Va a haber días en que te sentirás con un poco de bajón. Puede ser que algo no sucedió como querías o por ninguna razón en particular. En definitiva te sientes atrapada en la rutina. Todo el mundo tiene ese tipo de días. A mí me gusta llamarlos los días en que "ojalá me hubiera quedado en la cama todo el día". Pero lo irónico sobre estos días es que lo último que hay que hacer es quedarse a hibernar bajo las sábanas.

Aunque cueste pararse de la cama, tienes que hacerlo. (Eso es una orden). Date una ducha, ponte tus zapatos favoritos y sal de ahí. (Eso es una orden). Sal con amigos, ve al centro comercial, ve al parque, ve a algún lado. Lo más probable es que sigas sintiéndote terrible por dentro, pero finjas lo contrario por fuera. Ríe más fuerte de lo normal, sonríe mucho y finge que la estás pasando fantástico. Oblígate a ser sociable, especialmente en los momentos en que sería más fácil quedarte sola simplemente. Si te fuerzas a salir, lo más probable es que no tengas que fingir por mucho tiempo.

LECCIONES QUE DA LA EXPERIENCIA:
1) INDEPENDIENTEMENTE DE CÓMO TE SIENTAS, LA VIDA FUERA DE TU DORMITORIO CONTINÚA. 2) SI ELIGES UNÍRTELE O NO ES COMPLETAMENTE ASUNTO TUYO. 3) DENTRO DE DIEZ AÑOS, CUANDO MIRES ATRÁS, DESEARÁS HABÉRTELE UNIDO.

cazaestrés

Has oído hablar de los cazafantasmas, pero de ¿¿¿cazaestrés??? Los cazaestrés son formas simples para despertar los inmensos poderes que existen dentro de cada uno de nosotros, poderes que a veces olvidamos que tenemos cuando más los necesitamos, como confianza y calma y súper fuerza. Estas cualidades funcionan en conjunto y pueden abatir cualquier estrés que se te presente.

El estrés nos afecta a todos a diario. Cada situación que enfrentamos tiene el potencial de resultar estresante según cómo elijamos manejarla. Preparar un sandwich de mantequilla de maní y jalea puede ser estresante si te preocupas por cortarte con el cuchillo, pero lo más probable es que en lugar de preocuparte estés pensando en lo sabroso que va a ser cuando lo comas. Ese mismo control que tienes sobre ti misma cuando haces pequeñas cosas, como preparar el almuerzo, es el mismo control que deseas tener cuando las cosas se ponen agitadas y la vida se vuelve abrumadora. Aprender algunas técnicas para reducir el estrés es una forma efectiva de alejar esos sentimientos desagradables que trae el estrés y usar la energía y adrenalina restantes para trabajar más intensamente y llevarte al éxito. Practica tus tácticas cazaestrés y déjame ayudarte a ser fuerte, segura y serena sin importar lo que la vida te presente.

LECCIONES QUE DA LA EXPERIENCIA: 1) COMER TRES CAJAS DE HELADO NO ES UNA BUENA FORMA DE MANEJAR EL ESTRÉS. 2) NO PODER CALZARTE LOS PANTALONES CREA MUCHO MÁS ESTRÉS. 3) ESTRESARTE POR ESTRESARTE... BUENO, NUNCA ES ALGO BUENO.

estrategias cazaestrés

Respira. Estás pensando que respiras un millón de veces al día y que eso no te ha ayudado a reducir tu estrés. Pero respirar profundamente relaja todo tu cuerpo. Coloca tu mano en la parte alta de tu vientre e inhala bien profundamente. Intenta expandir tu vientre, luego exhala por la boca liberando el aire que acabas de ingresar. Repite esto de tres a cinco veces y siente cómo tu cuerpo comienza a relajarse.

Entrena tus pensamientos. A veces cuando estás estresada tus pensamientos se descontrolan y te estresan mucho más. Piensas en lo que podría pasar en lugar de en lo que está pasando ahora. En esta situación, intenta concentrarte en el momento presente y en tomarlo paso a paso. En lugar de pensar "ay, Dios mío", piensa "puedo hacerlo". Ten pensamientos positivos. Piensa "soy inteligente", "soy hermosa", "puedo sobreponerme a esto"... y lo lograrás.

Aliméntate. A menudo cuando la vida se vuelve ocupada, nos apuramos intentando comprimir todo lo que podamos en nuestro día de 24 horas. Nos olvidamos de algunas cosas, cosas importantes... como comer. Sin importar cuán estresada u ocupada estés, siempre debes hacerte tiempo para comer. La comida te da energía. Te da poder mental. También te ofrece un receso de lo que sea que estabas haciendo. Mantente alejada de alimentos con mucha azúcar, como barras de golosina o galletas. Te darán un breve chorro de energía y luego te darán sueño. Aliméntate con frutas, vegetales y granos para una excelente potenciación de energías.

Recarga energía. Levántate y corre alrededor de la manzana. Haz algunos saltos abriendo y cerrando las piernas. Haz algunas volteretas en la cocina. Encuentra algún tipo de actividad física para despertar tus músculos y poner tu sangre en movimiento. La tensión nerviosa hace que tu cuerpo también se estrese; tus músculos pueden acalambrarse; puedes sentir cosquilleo en las manos y los pies. Pon tu cuerpo en movimiento y siéntete más cerca del estado ideal.

Duerme un poco. Esta es simple. Asegúrate de dormir. No importa cuánto tienes que hacer o cuántos pensamientos pasan por tu cabeza, sacrificar el sueño nunca debe ser una opción. Necesitas de ocho a diez horas de sueño por noche para sentirte descansada, sin estrés y lista para comenzar tu día. Haz que el sueño sea una prioridad y tus otras prioridades encontrarán su lugar.

¿estás deprimida?

Sin importar cuánto intentes mantener el control sobre tus emociones, pueden imponerse igualmente. Sí, es cierto que la etapa de crecimiento es una época emotiva. No hay ninguna duda. Pero la angustia emocional que enfrentas puede ser más que simples cambios de estado de ánimo. A veces se vuelve más seria y necesitas alguien más para manejarla.

La depresión puede ser algo muy serio y peligroso si continúa por períodos largos de tiempo. Puedes sentirte deprimida porque algo en tu vida no salió como lo planeaste, pero la depresión se vuelve un problema cuando encuentras que te sientes triste constantemente e incluso enojada contigo misma sin razón alguna.

Si crees que puedes estar deprimida, es muy importante conseguir ayuda. Sentirse deprimida duele, pero es algo que puede arreglarse. No tengas miedo de hablarlo con alguien, como un maestro, médico, psicólogo o tus padres. Si no te sientes cómoda hablando con alguien que conoces, conéctate y busca en los muchos sitios web que se ocupan de la depresión. El primer paso es determinar si estás deprimida y el segundo hablarlo con alguien.

LECCIONES QUE DA LA EXPERIENCIA: 1) CUANTA MÁS ESPERA PARA CONSEGUIR AYUDA, MÁS TIEMPO LLEVA MEJORARTE. 2) HABLAR CON UN PROFESIONAL NO SIGNIFICA QUE ESTÉS LOCA, SEAS DÉBIL O TENGAS PROBLEMAS MENTALES. SIMPLEMENTE SIGNIFICA QUE NECESITAS QUE ALGUIEN TE ESCUCHE.

signos de depresión

- sentirse triste o desilusionada
- pérdida de interés en la mayor parte de las actividades diarias
- aumento o pérdida de peso
- dormir demasiado o no lo suficiente
- falta de motivación
- las notas en la escuela pueden bajar
- recurrir a drogas o alcohol
- sentirse cansada todo el tiempo
- sentirse culpable sin ninguna razón real
- pensar a menudo en la muerte
- sentirse ansiosa o preocupada

asuntos familiares

A CUALQUIER EDAD, llevarse bien con los miembros de tu **FAMILIA** no es siempre fácil. Tienes **PADRES** que, a pesar de lo que creen, no entienden exactamente cómo es tener tu edad. Tienes **HERMANOS** que compiten en todo desde sacarse **BUENAS NOTAS** en la **ESCUELA** hasta hacer que tu madre los quiera más. Y te tienes a **TI**, que a veces tienes un deseo intenso de escaparte tan **LEJOS** como sea posible y otras veces quieres ser el centro de **ATENCIÓN** de la familia.

Aunque a veces es **MÁS FÁCIL** simplemente cerrar la puerta, subir el volumen de la música y pensar en entregarte en adopción, intenta **RECORDAR** que **NO IMPORTA LO QUE PASE**, la familia es importante. Ellos son las personas que te conocen **MEJOR** y siempre serán los que te amen más. Así que **APRENDER** la mejor manera de tratar a tu familia y manejar las situaciones que puedan enfrentar **JUNTOS** no es simplemente una opción, **ES ESENCIAL**. En definitiva: No importa cuán loca parezca tu familia o cuán **DESQUICIADA** te hagan sentir... la familia **SIEMPRE** importa más que nada.

la trampa de los padres

Así que déjame adivinar... tus padres te tratan como a una niña. Ponen reglas ridículas e intentan impedirte que hagas las cosas divertidas que todos los demás hacen. Ninguno de los padres de tus amigos actúan de esa manera, ¿por qué lo hacen los tuyos? La cosa es así. De la misma manera como es realmente difícil ser una chica estos días, también es muy difícil ser padre. (Sé que es difícil de comprender, pero es la verdad). Suceden muchas cosas que dan miedo en el mundo; tus padres no te imponen una hora de llegada sólo para prohibirte ir a alguna fiesta y hacer tu vida miserable. Lo hacen porque te aman y nunca querrían que te sucediera algo malo.

Así que estas son algunas formas de manejar este tema. Puedes escaparte por la ventana y arriesgarte a romperte una pierna. Puedes mentirles a tus padres y sentirte horrible por dentro. O puedes ser honesta con ellos acerca de cómo te sientes, ganarte su confianza, y vivir felices para siempre. Es cierto, tal vez no sea tan fácil. Pero comunicarte con tus padres hará la vida mucho más fácil... para todos. Dales detalles. Pruébales que deben confiar en ti. Explícales que si alguna vez te encuentras en una situación que te supera, los llamarás. Crear una buena relación con tus padres te evitará mucha pena... y posiblemente una pierna rota.

LECCIONES QUE DA LA EXPERIENCIA: 1) NO IMPORTA CUÁL SEA LA HORA EN LA QUE DEBES REGRESAR, SIEMPRE HABRÁ ALGUIEN QUE TENGA QUE VOLVER MÁS TEMPRANO. 2) LAS REGLAS SON COMO LAS PIERNAS — NO FUERON HECHAS PARA ROMPERLAS.

rivalidad entre hermanos

Lo primero y más importante que debes recordar es que no importa cuánto se parezcan... piensen parecido... actúen parecido, tú y tu hermano o hermana son personas diferentes. Les gustan o disgustan cosas diferentes. Tienen sus propios intereses y pasatiempos. Sus propias fortalezas. Sus propias personalidades. Tienen sus propios éxitos y derrotas.

La gente tiende a comparar a los hermanos. Gente como los padres, maestros y amigos. Puede enojarte o resentirte sentir que tienes que cumplir con ciertos niveles o expectativas. Sólo porque tu hermana o hermano elige un camino no significa que tú tengas que seguirlo. Eres tú la que debe encontrar tu propia dirección y crear tus propias metas y trabajar para lograrlas. Cuando tengas éxito en algo que has elegido hacer, no por alguien más, sino porque *tú* lo has elegido, te sentirás increíble y la gente comenzará a notarlo. No te compares con tus hermanos ni con nadie más. Y siempre sé "Tú misma" lo mejor que puedas.

LECCIONES QUE DA LA EXPERIENCIA: 1) CRECER A LA SOMBRA DE TUS HERMANOS PUEDE HACERTE SENTIR QUE SIEMPRE ESTÁS EN SEGUNDO LUGAR. 2) LA ÚNICA FORMA DE SALIR DE ESA SOMBRA Y LIDERAR EL CAMINO ES CREAR TU PROPIO TRAYECTO Y BRILLAR CON LUZ PROPIA.

manejar el tema "d"

El divorcio es algo que pasa… mucho. Sucede en todo tipo de familias y a todo tipo de chicos. No es algo súper inusual, y no es algo de lo cual sentirse avergonzada. Nadie quiere pasar por un divorcio, pero a veces es la única forma de que las cosas vuelvan a estar bien. Cuando los padres discuten mucho pueden hacer que todos los que estén involucrados se sientan muy infelices e incómodos. A pesar de que el divorcio es triste porque causa una separación, también puede traer felicidad y alivio porque cesan las peleas y todos se sienten en paz.

Los padres deciden divorciarse por muchas razones diferentes, pero ninguna de esas razones es jamás a causa de sus hijos. Tener un mal desempeño en la escuela, no limpiar tu cuarto, no cumplir con el horario de regreso a casa, no comer tus verduras y cosas así NO causan un divorcio. Nada que hagas como hija podría ser nunca una razón para que tus padres decidan separarse; esa es una cosa de la que puedes estar absolutamente segura. La otra cosa de la que puedes estar absolutamente segura es que aunque tus padres se separen, no significa que amen menos a sus hijos. El divorcio puede ocasionar muchos cambios, pero no importa lo que pase, el amor de los padres por sus hijos nunca cambiará.

LECCIONES QUE DA LA EXPERIENCIA: 1) LIMPIAR TU CUARTO, SACAR LA BASURA, LLEGAR TEMPRANO A CASA, COMPORTARTE LO MEJOR POSIBLE, DECIR POR FAVOR Y GRACIAS Y SER LA MEJOR HIJA DEL MUNDO ENTERO NO EVITARÁ QUE TUS PADRES SE DIVORCIEN. 2) HACER ESTAS COSAS PODRÍA POSIBLEMENTE AUMENTAR TU MENSUALIDAD Y TAL VEZ CONSEGUIRTE ESA BICICLETA QUE QUERÍAS.

romper el molde

Desde que eras una niñita, aprendiste casi todo de tu familia… cómo actuar, cómo comer, cómo interactuar con otros y en qué creer. Mientras vas creciendo y sales al mundo, conoces personas y experimentas cosas diferentes. Expandes tus conocimientos, tu visión y tus creencias. A medida que esto sucede te conviertes en una nueva persona, recogiendo y eligiendo las características que quieres que sean parte de ti.

Muchos padres tienen muchas dificultades con esto. Tú eres su niñita y probablemente mucho antes de que nacieras tenían esta imagen en su cabeza de cómo serías. A medida que crezcas, algunas cosas que llegues a valorar pueden ser distintas de las que tus padres te inculcaron. Algunos de tus sueños pueden llevarte por un camino distinto del que ellos habían anhelado. Eso está bien. Aprende todo lo que puedas; expande tu horizonte. Sé honesta contigo misma en cuanto a las razones para tomar las decisiones y también sé honesta con tu familia. Mientras pongas tu corazón en lo que sea que estés haciendo, entonces lo que haces estaba destinado a suceder. Lo único que importa es tu felicidad, y cuando de ello se trata, eso es lo que más les importa a tus padres.

LECCIONES QUE DA LA EXPERIENCIA: 1) INVESTIGAR DISTINTAS RELIGIONES Y ASISTIR A SERVICIOS RELIGIOSOS EN DISTINTAS IGLESIAS PARA EXPANDIR TUS HORIZONTES Y APRENDER COSAS NUEVAS… ES UNA BUENA IDEA.
2) ABANDONAR TUS ESTUDIOS, RENUNCIAR A TU TRABAJO, TEÑIR TU PELO DE FUCSIA Y HACER DEDO A LO LARGO DEL PAÍS PORQUE DISCUTISTE CON TUS PADRES…
ES UNA MALA IDEA.

tu

salud

Sólo tienes **UN CUERPO**. Viene **SIN GARANTÍAS**, sin instrucciones y sin segundas oportunidades, así que las **ELECCIONES** que hagas **AHORA** son **EXTREMADAMENTE** importantes.

Tu cuerpo necesita pensamientos **POSITIVOS, CUIDADOS** delicados y **MUCHO AMOR**. Tu cuerpo necesita **ALIMENTO** y agua también. Eso no es mucho pedir. **¿NO ESTÁS DE ACUERDO?** A tu **CUERPO** no le interesa qué están haciendo los demás, sólo está **PREOCUPADO** por sí mismo. Eso puede sonar un poco **EGOÍSTA**, y tu cuerpo se disculpa, pero quiere vivir el **MAYOR TIEMPO** y lo **MÁS SANO** posible. Así que haz **TODO** lo que puedas para asegurar que **TÚ** y tu cuerpo vivan felices **PARA SIEMPRE.**

sé consciente de tu salud

Junto con todos los otros cambios que suceden en tu cuerpo en este momento, tu metabolismo también está cambiando. Esto significa que no estás quemando calorías con tanta rapidez como solías. Así que para mantener tu cuerpo cambiante saludable necesitas cambiar tus hábitos de alimentación y ejercicio. (Inserta un *gruñido* GRANDE aquí).

Ser saludable puede parecer una gran molestia a veces, pero es realmente sencillo una vez que comienzas. El punto no es eliminar cosas como los azúcares, grasas y carbohidratos de tu dieta, sino intentar limitarlos y al mismo tiempo comer muchas proteínas. Si deseas bajar algunas libras, no necesitas hacer una dieta; necesitas comenzar a comer más saludable. Y no olvides el ejercicio. (Inserta otro *gruñido* GRANDE aquí). No necesitas correr en una cinta de gimnasio por horas para quemar calorías. Puedes caminar, correr, andar en bicicleta, bailar, nadar o hacer cualquier otra actividad física que suba tu ritmo cardíaco y te haga sudar.

Cuando combinas una alimentación sana y hacer ejercicio tres o cuatro veces por semana, no sólo verás la diferencia cuando te mires al espejo, sino que también verás un cambio en tu actitud y en la cantidad de energía que tienes. Cuando tu cuerpo se siente feliz y saludable, todo tu ser se beneficia.

LECCIONES QUE DA LA EXPERIENCIA: 1) COMER TORONJA EN EL DESAYUNO, EL ALMUERZO Y LA CENA NO ES PARA NADA SALUDABLE, Y EL PESO QUE PIERDAS REGRESARÁ INEVITABLEMENTE. 2) LLEVAR LA CUCHARA DE TU PLATO A LA BOCA NO CONSTITUYE EJERCICIO.

contaminación del cuerpo

Hay una cierta curiosidad que viene con el crecimiento, un cierto deseo de experimentación. El asunto es que antes de poner algo extraño en tu cuerpo, como drogas o alcohol o cigarrillos, debes aprender todo lo que puedas sobre ellos y sobre los efectos que pueden tener sobre tu cuerpo. Saber que todos los demás lo hacen no es suficiente. El cuerpo de cada persona reacciona distinto ante ciertas substancias. No hay forma de saber cómo va a reaccionar tu cuerpo a las drogas, el alcohol o los cigarrillos. Sólo probar algo una vez puede afectarte más de lo que podrías pensar. Tú eres la única persona que puede decidir si vale la pena correr el riesgo.

Los riesgos provocados por el consumo de drogas o alcohol van más allá del simple efecto físico. Una vez que estás bajo su influencia, no hay forma de saber qué puede suceder, y es muy fácil encontrarte en una situación que no puedes manejar. No puedes planear mantener el control. Eso es lo que más miedo da. Una vez que eliges dejar entrar una sustancia en tu cuerpo, esa sustancia es libre de tomar el control. Antes de darle tanto poder a algo, asegúrate de estar lista para afrontar los riesgos que implica, tanto a corto como a largo plazo.

LECCIONES QUE DA LA EXPERIENCIA: 1) EL TABACO MATA A UN MILLÓN DE PERSONAS POR AÑO. 2) LAS DROGAS Y/O EL ALCOHOL JUEGAN UN PAPEL EN LAS VIOLACIONES Y ASALTOS SEXUALES. 3) LOS CHICOS QUE USAN "DROGAS DE ENTRADA" COMO EL TABACO O EL ALCOHOL, TIENEN MÁS PROBABILIDADES DE USAR COCAÍNA Y OTRAS DROGAS MÁS FUERTES.

¿qué te está consumiendo?

No existe una introducción bonita o una forma suave de hablar sobre este tema para evitar aterrorizarte. En realidad, quiero aterrorizarte. Quiero que sepas que **los desórdenes alimenticios pueden matarte**. Eso es lo fundamental. Cuando tu peso y lo que comes se convierten en el centro de tu vida... cuando te obsesionas con pesarte o con mirarte en el espejo, tienes un problema y necesitas resolverlo antes de que sea demasiado tarde.

Muchas chicas piensan que tienen un control completo de sus hábitos alimenticios. Hacen dieta pero no creen que tengan un desorden alimenticio porque para ellas un desorden alimenticio es una enfermedad. No se ven a sí mismas como enfermas. Lo que más miedo da es que la mayoría de los desórdenes alimenticios comienzan como simples dietas, pero eventualmente se salen de control.

Verse bien pone una gran presión sobre las chicas que están creciendo, así que es fácil obsesionarse con cosas como cuánto pesan o qué talla de pantalones les entra. Saltar al vacío de un desorden alimenticio es extremadamente fácil y es, lamentablemente, muy común entre chicas jóvenes. Conocer los signos y comprender la gravedad de estos desórdenes puede ayudar a salvar una vida.

LECCIONES QUE DA LA EXPERIENCIA: 1) NECESITAS ALIMENTO PARA VIVIR. 2) UN POCO DE LECHUGA Y ALGUNAS HOJUELAS DE MAÍZ NO CONSTITUYEN UNA COMIDA. 3) SI CREES QUE LO SON, BUSCA AYUDA.

tres desórdenes alimenticios comunes

anorexia nerviosa: Una negación a comer, que te lleva a la inanición. Normalmente la persona es muy delgada pero tiene una visión distorsionada de que es gorda.

bulimia nerviosa: Comer demasiada comida y sentirse fuera de control al hacerlo, luego deshacerse de la comida induciendo el vómito o usando laxantes o diuréticos.

desorden de comedor compulsivo: Comer excesivamente, llegando a la obesidad. Normalmente la persona hace dietas rápidas, pero poco tiempo después de bajar de peso vuelve a comer en exceso.

una persona que sufre un desorden alimenticio puede...

- tener una fijación con la comida, las calorías, con comer, hacer dieta, el peso y la forma de su cuerpo,
- sentirse gorda sin importar cuánto peso haya bajado,
- hacer dietas o ejercicios en exceso,
- comer sola, o esconderse para comer y esconder la comida, u ocultar el aumento o pérdida de peso,
- comer grandes cantidades de comida en poco tiempo,
- purgarse después de comer,
- esforzarse por hacer las cosas a la perfección y ser perfecta,
- alejarse de los amigos o familiares,
- sentirse culpable después de comer,
- tener miedo de subir de peso,
- acaparar comida y/o
- pasar mucho tiempo en el baño después de comer.

— Gladys Folkers, MA,
y Jeanne Engelmann

cuidar la cara

Podrías jurar que tus granitos tienen mente propia, su propio pulso y latido, así también como sus propios motivos para plantarse en tu cara en los peores momentos. Lamentablemente los granitos son parte de tu vida. Y dado que no dan mucho aviso antes de caer de visita, quieres saber cómo manejarlos cuando llegan y cómo hacer todo lo posible para evitar que vuelvan.

No, no es cierto que comer una barra de chocolate o una bolsa de papas fritas te llenará de acné por el resto de tu vida, pero eso no implica una invitación para que salgas corriendo y comas productos no saludables tanto como quisieras. Lo que ingrese a tu cuerpo eventualmente saldrá de él, y no sólo en la forma en que estás pensando, sino también a través de los poros de tu piel. Así que, mantenerte alejada de los alimentos grasosos o aceitosos y tomar mucha agua son buenas formas de limitar la cantidad de granitos que tendrás. Otra manera de mantener tus poros limpios y tu piel sana es lavarte la cara y el cuerpo después de hacer ejercicios o cualquier cosa que te haga sudar mucho.

Cuando surgen los granitos, no hagas todas las cosas que querrías hacerles, como fregarlos, rasparlos, pellizcarlos, reventarlos, etc. Sí, es importante mantener tu piel limpia, pero aplicarle capas de medicamentos secará tu piel e incluso podría causar más granitos. Mantén las cosas simples. Si eso no funciona y sientes que los granos están arruinando tu vida, te conviene pedir una cita con el dermatólogo (un genio de los granitos) o incluso hablar con tu médico habitual para que te recete una medicación especial.

LECCIONES QUE DA LA EXPERIENCIA: 1) NO SE PUEDEN QUITAR LOS GRANITOS QUEMÁNDOLOS CON UN RIZADOR DE CABELLO. 2) PEGAR UN APÓSITO ASTRINGENTE A TU CARA DEJARÁ UNA ENORME MARCA ROJA Y NO HARÁ QUE EL GRANO DESAPAREZCA MÁS RÁPIDAMENTE.

¿qué? ¿cómo? ¿cuándo? ¿dónde? ¿y por qué?

Tienes un solo cuerpo así que tienes derecho a hacer tantas preguntas como necesites para saber lo más posible sobre él. Si sientes que algo no está bien, deberías querer saber cómo mejorarlo. Si piensas en probar algo nuevo, deberías querer saber cómo afectará tu cuerpo.

Por supuesto, puede resultarte difícil sacar ciertas palabras de tu boca sin esbozar una sonrisa o sentirte extraña, pero el hecho de que te sientas incómoda acerca de ciertos temas no significa que sea malo preguntar sobre ellos. Los médicos, farmacéuticos, consejeros — incluso tus padres — no se desconcertarán con tus preguntas. Han escuchado cosas aún mucho, mucho peores y son capaces de manejar casi cualquier cosa. Asegúrate de tener un médico con el que te sientas cómoda hablando y si no es así averigua e intenta encontrar uno que te haga sentir relajada sin importar el tema de tu conversación.

Haz todo lo que puedas para aprender todo lo posible sobre tu cuerpo y cómo funciona... y si tienes una duda o pregunta en tu cabeza acerca de cualquiera de esas cosas, pregunta, investiga, llama, navega en la web... haz todo lo que sea necesario para informarte.

LECCIONES QUE DA LA EXPERIENCIA: 1) EL MÉDICO HA TRATADO ERUPCIONES EN LUGARES "NO SANTOS" Y HA METIDO SUS DEDOS EN LUGARES EN LOS QUE PROBABLEMENTE NO DEBERÍAN METERSE. 2) PARA ÉL O ELLA HABLAR DE COSAS COMO DIARREA, MENSTRUACIÓN Y FLATULENCIAS ES COMO CONVERSAR ACERCA DEL CLIMA. 3) SI CUALQUIER PARTE DE TU CUERPO SE SIENTE DISTINTA DE LO NORMAL, LO MÁS PROBABLE ES QUE DEBAS HACERLA EXAMINAR.

examinar debajo del cinturón

La idea de visitar un ginecólogo y tener a alguien a quien no conoces husmeando en tus partes más privadas no es algo que divierta. Pero es sólo una de las cosas maravillosas que forman parte de ser una chica (como si el PMS o los dolores menstruales no fueran suficientes).

Si bien puede no ser una de las experiencias más placenteras, visitar al ginecólogo es una parte muy importante de mantenerse sana. La mayoría de los expertos concuerdan en que si eres sexualmente activa, piensas volverte sexualmente activa o tienes más de 18 años, debes visitar al ginecólogo una vez al año. Si antes de ese momento sientes algo inusual allí abajo, pide una cita. Esa es una de las partes del cuerpo con las que no te conviene arriesgarte.

La cita no es realmente *tan* mala. Tú y tu médico hablarán primero de tu historia médica y de cualquier otra preocupación que puedas tener. Esta es tu oportunidad de hablar del control de la natalidad, de las enfermedades de transmisión sexual o de cualquier otra cosa que tengas en mente. Y no te preocupes, cualquier cosa que converses con tu médico quedará entre ustedes. El examen consistirá de un examen de mamas (indoloro) seguido por un examen interno (un poco desagradable pero no doloroso). El médico revisará tu vagina para confirmar que esté bien, tomará una muestra para el Papanicolau (tocará el cuello de tu útero con un hisopo largo y delgado) para hacer un análisis de cáncer cervical y luego te dejará ir. La mejor noticia: no tienes que regresar en todo un año.

LECCIONES QUE DA LA EXPERIENCIA: 1) EL GINECÓLOGO HA VISTO UN MILLÓN DE VAGINAS ANTES QUE LA TUYA, ASÍ QUE LAS PROBABILIDADES DE QUE LA TUYA SEA DISTINTA SON ÍNFIMAS O NULAS. 2) CUANDO LLEGAS A ESTA EDAD, LOS ESTRIBOS YA NO SON ÚNICAMENTE PARA LOS CABALLOS.

hacerlo o no hacerlo

No importa si todos lo hacen o s nadie lo hace en absoluto. Lo que importa es cómo te sientes, cómo te sentirás mañana y cómo te sentirás dentro de cinco años cuando mires hacia atrás. No tiene que ver con tu novio o tus padres o tu mejor amiga; tiene que ver contigo, tu mente, tu corazón y tu cuerpo.

Tener relaciones sexuales no sólo se relaciona con el momento, sino con el millón de cosas que vienen después. Piensa en los riesgos que implica antes de que llegue el momento... y sí, hay muchos. Existe un número infinito de enfermedades de transmisión sexual que una vez que te contagias *no* se van... existe la posibilidad de quedar embarazada, y eso sólo es el comienzo de una nueva lista la cual puedes o no estar preparada para manejar. Existe la posibilidad de que te arrepientas poco después y ya no puedas volver atrás. Existe la posibilidad de que cuando tú estés pensando más en la parte emocional, él esté pensando más en la física. Confía en mí, la lista no termina.

Una gran parte de ser sana y quererte a ti misma es tener el mayor respeto posible por tu cuerpo. Evalúalo tú misma y toma tus propias decisiones personales acerca de aquello para lo que estás lista y aquello para lo que no. Sí, es cierto que estás creciendo y que estás tomando tus propias decisiones y teniendo nuevas experiencias. Sólo recuerda, sin embargo, que en ese crecimiento no sólo tienes la libertad de tener relaciones sexuales — también tienes la libertad de decir que no.

LECCIONES QUE DA LA EXPERIENCIA: 1) LOS DOS MINUTOS QUE PASAS ESPERANDO LOS RESULTADOS DE LA PRUEBA DE EMBARAZO NO VALEN LOS MINUTOS QUE PASASTE EN SU CAMA. 2) QUE ÉL DIGA QUE ES SU PRIMERA VEZ NO NECESARIAMENTE SIGNIFICA QUE LO SEA. 3) CUANDO REALMENTE TE ENAMORES, PODRÍAS DESEAR QUE FUERA POSIBLE BORRAR A TODOS LOS DEMÁS. 4) NO ES POSIBLE BORRARLOS.

la verdad acerca de **la princesa de plástico**

CRECISTE jugando con **BARBIE**, con sus perfectos **VESTIDOS ROSADOS** y su increíble postura impactante, sus **FABULOSOS** rulos dorados, **PEQUEÑÍSIMA** cintura y **PECHOS** perfectamente **PRECIOSOS**. Probablemente querías ser como ella cuando **CRECIERAS**.

Ahora eres lo **SUFICIENTEMENTE GRANDE** para saber la **VERDAD**. Barbie es un **IDEAL** inalcanzable. Gracias a la **MARAVILLA** de la **TECNOLOGÍA** de computación y numerosos **ROLLOS** de cinta adhesiva, el estilo Barbie está al **ALCANCE** de las chicas que aparecen en las portadas de las revistas. **ESFORZARSE** por ser como ellas es una **PÉRDIDA** de tiempo y **MATARTE DE HAMBRE** para parecerte a ellas es desperdiciar **TU VIDA**. Siéntete **ORGULLOSA** de quién eres, y **SÉ LO MEJOR** que puedas ser. Y si en algún momento te miras al **ESPEJO** y te sientes un poco deprimida, recuerda esto: Si **BARBIE** tuviera un **CORAZÓN** y deambulara por la tierra, lo más probable es que pidiese un gran **HELADO DE CREMA** con **MUCHA CREMA BATIDA** encima, antes de caerse al piso porque su **PEQUEÑÍSIMO CUERPO** no puede sostener sus **ENORMES** pechos.

modelos de portada

Esas chicas que aparecen en la portada de las revistas de moda más recientes pueden verse increíblemente perfectas, pero las apariencias pueden ser muy engañosas. Está todo en la magia de la edición, el aerógrafo, cortar y pegar, sostenes con relleno, fajas reductoras y cualquier otro invento que usen para hacernos pensar que la "persona perfecta" realmente existe.

Somos bombardeadas por imágenes de supermodelos y estrellas; nos crían pensando que ellas definen la belleza. Personalmente pienso que este mundo sería un lugar mucho mejor si en lugar de decirnos la marca del vestido de la modelo o su tono de lápiz labial, nos informaran qué comió realmente en el desayuno o cuántos rollos de cinta adhesiva se usaron para que sus pechos se mantuvieran tan erguidos.

Desafortunadamente, el mundo no funciona de esa manera, así que es necesario que recordemos insertar nuestras propias notas al margen al mirar revistas, películas y programas de televisión para ponerlo todo en perspectiva (y también mantener nuestra propia salud mental y proporcionarnos un par de carcajadas). Ten en mente todo esto la próxima vez que veas un "cuerpo perfecto" y desees que fuera tuyo. Lo más probable es que no sea tan perfecto o que la dueña sea una señora muy hambrienta.

LECCIONES QUE DA LA EXPERIENCIA: 1) PEGARTE LOS PECHOS MUY JUNTOS CON CINTA ADHESIVA PARA LOGRAR UN ESCOTE MÁS PROFUNDO PUEDE PARECER UNA BUENA IDEA EN EL MOMENTO. 2) RETIRAR LA CINTA ADHESIVA MÁS TARDE ...AAAAAYYYYYY!

llenar la copa

Pechos: por qué esta parte de la anatomía femenina crea tanto caos, nunca se sabrá. Pero sabemos lo siguiente: que te crezcan los pechos puede ser un proceso abrumador. No podemos evitar que nuestros pechos crezcan y no podemos forzarlos a crecer si no están listos para hacerlo (a pesar de las promesas de la última droga milagrosa). Les lleva unos cinco años a los pechos para desarrollarse por completo, y eso es sólo un promedio. Algunas chicas no se desarrollan por completo hasta los veinti-pico y otras chicas terminaron de desarrollarlos al cumplir los quince. Así que respira profundamente y prepárate para lo que sea.

Pararte frente al espejo mirándolos fijamente no hará que tus pechos desaparezcan, y hacer incontables ejercicios cantando la canción "Debo aumentar mi busto"... bueno, eso no logrará nada tampoco. Tu cuerpo está pasando por cambios increíbles y a pesar de ser extremadamente abrumador por momentos, no eres la única que está pasando por eso. El proceso de cubrir, levantar, suplementar, rellenar y minimizar está en todas partes a tu alrededor; tú eres definitivamente una entre un millón que han pasado por lo mismo anteriormente o que lo están viviendo ahora. Así que deja de preocuparte, la probabilidad de que tus pechos (o la carencia de ellos) vaya a estar en los titulares de los diarios es ínfima o nula.

LECCIONES QUE DA LA EXPERIENCIA: 1) SI RELLENAS TU SOSTÉN CON PAÑUELOS DE PAPEL NO HAY NINGUNA GARANTÍA DE QUE SE QUEDEN EXACTAMENTE DONDE LOS PUSISTE. 2) LOS PAÑUELOS SE PUEDEN DESPLAZAR DENTRO DE TU SOSTÉN HACIA ARRIBA Y LLEGAR HASTA EL ESCOTE DE TU VESTIDO. 3) SI UN CHICO QUE TE GUSTA TE SEÑALA QUE ESO HA SUCEDIDO, TE PONDRÁS ROJA INMEDIATAMENTE Y ES POSIBLE QUE MÁS TARDE ADQUIERAS SOBRENOMBRES NO DESEADOS.

ser lo mejor de ti

Las probabilidades de despertar una mañana con un cuerpo completamente nuevo o una vida nueva son muy escasas. Es una total pérdida de tiempo andar amargándote porque tus piernas son muy cortas o tu nariz demasiado grande o tus pechos demasiado pequeños o lo que sea que te hace sentir infeliz. Hay cosas que puedes cambiar y hay cosas que no. Aprender a manejarte con las cosas que no puedes cambiar y hacer el esfuerzo por cambiar las que sí puedes es una parte importantísima de quererte a ti misma.

Examínate y averigua qué puedes hacer para ser lo mejor de ti. Si significa comer comida más sana y hacer ejercicios para que dejes de detestar tus muslos o tu vientre o cualquier parte de tu cuerpo que te vuelva loca, entonces hazlo. Si pasas tus noches holgazaneando o deprimiéndote, encuentra una actividad o únete a un equipo deportivo; haz cualquier cosa que mejore el tiempo que pasas sola. Si te miras al espejo y no eres feliz con lo que ves, hazte un corte de pelo o date el gusto de un cambio de imagen para resaltar lo mejor de tu apariencia. Tu vida es tuya para que te embellezcas o cambies en cualquier momento que lo necesites. Haz lo que sea necesario para ser lo mejor de ti.

LECCIONES QUE DA LA EXPERIENCIA: 1) LO MEJOR DE "TI" DEFINITIVAMENTE NO SE RESALTA ENCERRÁNDOTE EN TU CUARTO PORQUE PIENSAS QUE TE VES GORDA CON TU VESTIDO PARA EL BAILE DE GRADUACIÓN. 2) TE SENTIRÁS TRISTE CUANDO VEAS LAS FOTOS DEL BAILE DE TUS AMIGAS Y TÚ NO ESTÉS EN ELLAS.

encuesta de chicos

A lo largo de los años, he encuestado a muchos varones para ver qué es lo que realmente buscan en una chica. Supuse que encontraría dos cosas. Una: que la chica Barbie con grandes pechos y cintura pequeña era lo que querían, y dos: mi cuerpo y yo andábamos definitivamente sin suerte. Afortunadamente para mí y para las millones de chicas que no se parecen a las muñecas con las que jugábamos cuando éramos niñas, mis suposiciones eran completamente erradas.

Se ha dicho una y otra vez que si bien las modelos de las portadas, esas mujeres estilo Barbie, son bellas para mirar, no son de ninguna manera el tipo de chicas con las cuales los hombres quieren salir. Los chicos quieren una chica *de verdad*… una chica que come una enorme cena con algo más que unas pocas hojas de lechuga… una chica a la que puedan abrazar sin temor a romperla por mitad si la aprietan demasiado fuerte… una chica que tiene algo más que ofrecer que tan solo un rostro bonito. Un chico quiere salir con una chica con la que pueda ser él mismo, una chica que él sabe que es ella misma cuando está con él. Así que no hay necesidad de temer que tus pequeñas imperfecciones puedan dejarte sin novio y sola. En la encuesta de chicos, ser tú misma y ser auténtica te coloca entre las diez mejores.

LECCIONES QUE DA LA EXPERIENCIA: 1) LOS CHICOS NO SON CIEGOS NI TONTOS. 2) SABEN TODO ACERCA DE LA MAGIA DE LOS CORPIÑOS RELLENOS, LAS MEDIAS REDUCTORAS, LAS DOS LIBRAS DE MAQUILLAJE, LOS ZAPATOS CON PLATAFORMAS Y LAS UÑAS FALSAS. 3) TAMBIÉN SABEN QUÉ TIPO DE CHICA QUERRÍAN LLEVAR A CASA A CONOCER A MAMÁ.

todo se reduce a...

ti

QUERERTE A TI MISMA es la **MEJOR MANERA** de vivir tu vida. **AFRONTÉMOSLO**... es la **ÚNICA** manera de vivir tu vida (bueno... digamos que para ser **FELIZ**). Quererte a ti misma **SE REDUCE A TI** y no es algo **SIMPLE** de hacer. Requiere **MUCHA CONFIANZA** en ti misma y **POCO** de autocrítica. Quererte a ti misma proviene de la **COMODIDAD** que te da ser simplemente **TÚ MISMA** y de rodearte de la gente que te conoce mejor y **TE QUIERE** por lo que eres.

Crecer y **ADAPTARSE SOCIALMENTE** y sentirse bien **NO ES NADA FÁCIL**, pero si crees en ti y te orientas hacia **TUS SUEÑOS** (y **TE ABRAZAS** de vez en cuando), todo lo demás **DE ALGUNA MANERA** saldrá bien. Cuando las cosas **EMPEOREN** (y probablemente suceda) **EVALÚATE** y fíjate si **TAL VEZ** podrías usar una **AYUDA** adicional. No puedes hacer **TODO** tú sola **TODO** el tiempo.

Quiérete a ti misma — **CADA UNA** de tus partes — desde tu **PEQUEÑO** dedo meñique del pie hasta tu **GRAN** mente genial y todo el **RESTO**. Toma la decisión de **QUERERTE A TI MISMA**. Es lo mínimo que **MERECES**.

cómo quererte a ti misma un poco más

1. Prepara una lista de tus cuatro mejores cualidades y cuélgala de tu espejo para mirarla cuando te arreglas cada mañana.

2. Recoge unas flores de diente de león cuando regreses a casa de la escuela y colócalas en un florero en tu mesa de noche para alegrar tu cuarto.

3. Alquila tu película favorita e invita a algunos de tus mejores amigos para verla juntos.

4. Come una banana o una manzana con tu almuerzo en lugar de un plato de papas fritas grasosas.

5. Escribe un poema para ti.

6. Crea un álbum de recuerdos con fotografías de tu familia. Cuando estés enojada o disgustada con cualquiera de los miembros de tu familia, mira el álbum y recuérdate a ti misma todos los buenos momentos que han pasado juntos.

7. El lunes haz una lista de todo lo que necesitas hacer para el viernes. El viernes, si todo está tachado de tu lista, haz un viaje al centro comercial y regálate algo especial.

8. Si te sientes triste, lee un libro de chistes hasta que no puedas parar de reírte.

9. Cuando tu espejo esté empañado después de ducharte, escribe con tu dedo "te amo". La próxima vez que te duches te hará sonreír.

10. Pídele a tu mamá o a tu papá que compre verduras frescas cuando vaya a comprar comida. La próxima vez que veas TV puedes "vegetar" de verdad.

11. Date un GRAN abrazo todos los días.

12. Busca una fotografía tuya de cuando eras una niña pequeña. Cuélgala en tu armario para recordarte lo despreocupada y feliz que puedes ser.

13. Haz una fiesta con tus amigas favoritas e invítalas a quedarse a dormir. Pídeles que todas traigan máscaras de fango, esmalte para las uñas, accesorios para el pelo y cualquier otra cosa perfecta para una noche de belleza.

14. En lugar de leer una revista de modas, lee algo de lo que no sepas nada.

15. Hazte caras realmente tontas en el espejo.

16. Haz algo bueno por alguien. Llévales una fuente de galletas caseras o comparte tu almuerzo con alguien que se olvidó el suyo. Te hará sentir bien contigo misma y hará que alguien más también se sienta bien.

17. Habla con alguien nuevo en la escuela hoy. Quién sabe, podrían terminar siendo amigos.

18. En lugar de comprar la misma camisa negra que todo el mundo está usando, compra una camisa de color rojo y destácate.

19. Inventa una afirmación positiva como "me quiero a mí misma" o "puedo hacer cualquier cosa". Repítela cuando estés asustada, insegura o deprimida.

20. Crea tu propio sitio web. Incluye tus fotografías favoritas donde estés tú y la gente que más te importa, junto con una lista de pasatiempos, sueños y otras cosas interesantes que hayas hecho. Piénsalo como tu propio espacio de alarde en el ciberespacio.

si necesitas ayuda:
SITIOS WEB

http://www.teenwire.com/espanol y
http://www.teenwire.com/preguntas
Teenwire, es un sitio web premiado sobre salud sexual creado por Planned Parenthood, con respuestas a las preguntas más comunes acerca del cuerpo cambiante de los adolescentes, temas de salud, relaciones y embarazo.

http://www.campaignforrealbeauty.com/global/countries.html
La verdadera belleza viene en diferentes tamaños, colores y formas y no debería definirse por las normas de las revistas de moda. Ese es el mensaje que está detrás de la campaña de los fabricantes del jabón Dove, Campaña para la verdadera belleza. Este sitio web está repleto de información sobre la imagen corporal y la autoestima.

http://www.girlscouts.org/espanol
Girl Scouts of the USA es una organización dedicada al bienestar de la chicas en todo el mundo. Su misión es crear una cultura educativa y de aceptación en la cual desarrollar las habilidades y el carácter en las chicas.

http://www.beinggirl.com/index.html?other=lang
Obtén información directa sobre tener la menstruación, usar sostenes y la verdadera definición de una familia disfuncional. Acorde con su nombre, este sitio intenta cubrir todos los tópicos relacionados con "ser una chica". También puedes encontrar información sobre noviazgo, adicción y relaciones.

http://kidshealth.org
Haz click en "en Español". Lo básico sobre tu cuerpo, explicado en un formato de comprensión fácil, de preguntas y respuestas. Los temas cubiertos incluyen usar ortodoncia, reventar los granitos, dormir y usar aretes en el cuerpo entre otras cosas.

http://www.entraenaccion.org
¡Entra en acción! arremete con los temas de salud, sexualidad, nutrición, democracia, conservación ambiental, prevención de la drogadicción y el alcoholismo, educación vocacional y capacidades para desempeñarse en la vida.

LÍNEAS GRATUITAS

en EE.UU., Canadá y Puerto Rico:

Línea nacional de Girls and Boys Town

800-448-3000

Planned Parenthood

800-230-PLAN (800-230-7526)

Línea nacional de enfermedades de transmisión sexual

800-227-8922

Línea de opciones de atención de la adicción

888-243-3869

Línea 24 horas sobre drogas

800-662-4357